Grundschule

Marion Brugger

Glückliche Kinder

Lebenskompetenz stärken & Zufriedenheit finden

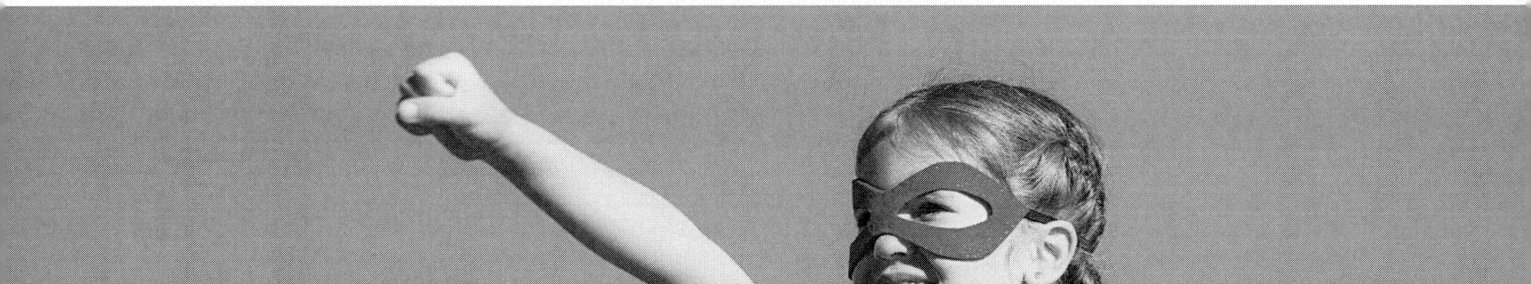

Sinnstiftende Arbeitsblätter zur Förderung des Selbstbewusstseins und des Wohlbefindens

www.kohlverlag.de

Glückliche Kinder

Lebenskompetenz stärkern & Zufreidenheit finden

1. Auflage 2021

Inhalt: Marion Brugger
Redaktion: Kohl-Verlag

Umschlagbild: © JenkoAtaman - AdobeStock.com
Grafik & Satz: Kohl-Verlag
Druck: farbo prepress GmbH, Köln

Bestell-Nr. 12 820

ISBN: 978-3-98558-216-7

S. 6/14/22/38: blueringmedia; **S. 7/8/24/25:** kvector; **S. 9/26:** Alexey Bannykh; **S. 10/27:** katerina_dav; **S.11/29:** 川崎市民団体Coaクラブ; **S. 12/30:** Prawny; **S. 13/36:** GraphicsRF, bsd studio; **S. 15/39:** and4me; **S. 16/41:** Evgenija; **S. 17:** honeyflavour; **S. 18:** S_E; **S. 19:** bsd studio; **S. 31:** Olena; **S. 32:** New Africa; **S. 33:** Luis Louro; **S. 34:** Denira; **S. 35:** cristovao31; **S. 36/37:** FARBAI; **S. 40:** PikePicture; **S. 42:** webstocker, honeyflavour; **S. 43:** StockImageFactory; **S. 44:** michaeljung; **S. 45:** master1305; **S. 46:** sabelskaya; **S. 47:** S_E; **S. 48:** sabelskaya, jennys_world_of_arts, FARBAI

Der vorliegende Band ist eine Print-Einzellizenz

Sie wollen unsere Kopiervorlagen auch digital nutzen? Kein Problem – fast das gesamte KOHL-Sortiment ist auch sofort als PDF-Download erhältlich! Wir haben verschiedene Lizenzmodelle zur Auswahl:

	Print-Version	PDF-Einzellizenz	PDF-Schullizenz	Kombipaket Print & PDF-Einzellizenz	Kombipaket Print & PDF-Schullizenz
Unbefristete Nutzung der Materialien	x	x	x	x	x
Vervielfältigung, Weitergabe und Einsatz der Materialien im eigenen Unterricht	x	x	x	x	x
Nutzung der Materialien durch alle Lehrkräfte des Kollegiums an der lizensierten Schule			x		x
Einstellen des Materials im Intranet oder Schulserver der Institution			x		x

Die erweiterten Lizenzmodelle zu diesem Titel sind jederzeit im Online-Shop unter www.kohlverlag.de erhältlich.

Inhalt

Thema	Inhalt	Material	Dauer
So sehe ich aus	Die Schülerinnen und Schüler ... - ...lernen sich genau zu beobachten - ...stellen Gemeinsamkeiten und Einzigartigkeiten fest	KV 1, Buntstifte, 1 Spiegel pro Kind	ca. 1 Unter- richtsstunde
Das gefällt mir an mir selbst	Die Schülerinnen und Schüler ... - ...werden achtsam - ...gewinnen ein positives Selbstbild	KV 2-3, Stift, Schere, Klebstoff	ca. 30 Minuten
Das gefällt meinen Mit-schülerinnen und Mitschülern an mir	Die Schülerinnen und Schüler ... - ...sind empathisch - ...nehmen sich als Teil einer Gemeinschaft wahr - ...gewinnen ein positives Selbstbild	KV 4, Stift, Schere, Klebstoff	ca. 1 Unter- richtseinheit
Das macht mich stark	Die Schülerinnen und Schüler ... - ...schöpfen Kraft aus alltäglichen Situationen - ...gewinnen eine positive Grundeinstellung	KV 5, Stift	ca. 30 Minuten
Das macht mich glücklich	Die Schülerinnen und Schüler ... - ...denken über ihr Empfinden nach - ...gewinnen eine positive Grundeinstellung	KV 6, Stift	ca. 30 Minuten
Das sind meine Seelentröster	Die Schülerinnen und Schüler ... - ...denken über mögliche Hilfen nach - ...lernen Verantwortung für sich selbst zu übernehmen	KV 7-8, Stift, Schere, Klebstoff	ca. 1 Unter- richtseinheit
Das ist mir wichtig	Die Schülerinnen und Schüler ... - ...denken darüber nach, was ihnen wichtig ist - ...werden aufmerksam dafür, wie sie einfordern können, was ihnen wichtig ist	KV 9-14, Stift, Schere, Klebstoff	ca. 1 Unter- richtseinheit

Inhalt

Thema	Inhalt	Material	Dauer
Meine Superkräfte	Die Schülerinnen und Schüler … - …denken über ihre Fähigkeiten nach - …gewinnen ein positives Selbstbild	KV 15-16, Stift, Buntstifte, Schere, Klebstoff	ca. 1 Unter- richtseinheit
Hier bin ich gern	Die Schülerinnen und Schüler … - …überlegen, wo sie sich wohl fühlen - …lernen Rückzugsorte zu definieren	KV 17, Stift	ca. 30 Minuten
Dafür bin ich dankbar	Die Schülerinnen und Schüler … - …lernen Wertschätzung und Dankbarkeit	KV 18, Stift, Buntstifte	ca. 1 Unter- richtseinheit
Das sind für mich die Schätze der Natur	Die Schülerinnen und Schüler … - …werden achtsam im Umgang mit der Natur - …beobachten ihre Lebenswelt	KV 19-20, Stift, Schere, Klebstoff	ca. 30 Minuten
Mein Weg zu Ranger Fox	Die Schülerinnen und Schüler … - …übernehmen Verantwortung - …setzen Aktionen	KV 21, Stift	ca. 1 Unter- richtseinheit
Ich sag NEIN	Die Schülerinnen und Schüler … - …lernen „Stopp" und „Nein" zu sagen - …denken über ihre Gefühle nach	KV 22-26, Stift, Schere, Klebstoff	ca. 1 Unter- richtseinheit
Meine Power-Woche	Die Schülerinnen und Schüler … - …planen ihre Woche - …setzen sich ein Wochenziel	KV 27, Stift	2x ca. 15 Minuten
Das Glücksglas	Die Schülerinnen und Schüler … - …lernen sich an kleinen Glückssituationen im Alltag zu erfreuen - …lernen Erlebnisse zu formulieren	Stift, Papier, Einmachglas, Glasmalstifte	ca. 1 Unter- richtseinheit

Vorwort

Sehr geehrte Pädagogin, sehr geehrter Pädagoge,

die Lebenskompetenz der Schülerinnen und Schüler zu stärken ist eines der elementaren Ziele der Grundschule. Im schulischen Alltag fehlt es meist an Material und Ideen, um die Persönlichkeitsentwicklung der Kinder zu fördern. In einigen Schulen wurde deshalb bereits das Schulfach ***Glück*** eingeführt.
Das vorliegende Themenheft hilft den Schülerinnen und Schülern dabei, über sich und ihre unmittelbare Lebenswelt nachzudenken, eigene Stärken zu orten und Halt zu finden.
Die Arbeitsblätter können dabei in jeder Schulstufe eingesetzt werden. Sie können im Rahmen einer Projektwoche erarbeitet werden oder während des Schuljahres immer wieder. Einzige Voraussetzung ist, dass die Schülerinnen und Schüler bereits lesen und schreiben können.
Das Themenheft eignet sich als Motivation in der ersten Stunde zu Wochenbeginn genauso, wie zwischendurch oder in einer Stunde am Rand. Die einzelnen Themen, die bearbeitet werden, schulen die Aufmerksamkeit der Kinder und stärken ihr Selbstbewusstsein.

So arbeiten Sie und Ihre Schülerinnen und Schüler mit dem vorliegenden Material:
Im ersten Teil dieses Buches finden Sie die Themenübersicht, die Ihnen einen Überblick darüber verschafft, welche Inhalte in den einzelnen Themen bearbeitet werden, welches Material zur Bearbeitung benötigt wird und wie viel Zeit Sie für dieses Thema einplanen sollten. Die Themen können in beliebiger Reihenfolge behandelt werden, es empfiehlt sich jedoch die angeführte Reihenfolge einzuhalten.
Auf den Themenseiten finden Sie Informationen zum Unterrichtsbezug und zum benötigten Material. Des Weiteren finden Sie einen Vorschlag zur Unterrichtsgestaltung bzw. zum Einstieg in das Thema. Dabei genügt es, wenn Sie Ihren Schülerinnen und Schülern den Text vorlesen und das Gelesene anschließend mit den Kindern besprechen. Viele Themenseiten enthalten zudem einen Vorschlag dazu, wie Sie das Unterrichtsthema vertiefen können.
Im SchülerInnenteil des Materials (Kopiervorlagen) befinden sich Arbeitsblätter zu jedem der Themen. Die Arbeitsblätter können Sie einzeln austeilen. Sie können mit den gesammelten Arbeitsblättern auch ein ***„Ich bin wunderbar"-Heft*** oder eine Mappe anlegen. Die Titelseite (S. 21) kann von den Kindern gestaltet werden, zum Beispiel mit dem eigenen Foto. Das Heft begleitet die Schülerinnen und Schüler durch die gesamte Projektzeit und ist eine wertvolle Erinnerung. Schön ist es auch, die einzelnen Themen mit den Kindern zu einem späteren Zeitpunkt noch einmal durchzusehen: hat sich etwas verändert?

Freuen Sie sich darauf, Ihre Schülerinnen und Schüler innerlich wachsen und glücklich zu sehen. Wunderbare Stunden und viel Freude mit dem Material wünschen Ihnen das Team des Kohl-Verlags und

Marion Brugger, MA BEd

1. SO SEHE ICH AUS

Unterrichtsbezug:

Bildnerische Erziehung

Material:

Buntstifte, einen Spiegel für jedes Kind, Kopiervorlage 1

Einstieg in das Unterrichtsthema:

Beschreiben Sie sich Ihren Schülerinnen und Schülern: „Wenn ich in einen Spiegel schaue, sehe ich:
einen ovalen Kopf, lange, braune Haare, zwei grüne Augen, dünne Lippen und eine längliche Nase. Meine Ohren sind unter meinen Haaren versteckt. Oft trage ich eine grüne Halskette.

Wie siehst Du aus? Betrachte Dich im Spiegel. Welche Form und Farbe haben Deine Augen? Wie siehst Du aus, wenn Du lächelst? Hast Du Sommersprossen im Gesicht? Welche Farbe hat Deine Haut? Fallen Deine Haare in Dein Gesicht?

Was findest Du an Dir besonders schön? Welcher Gesichtsausdruck zeigt, wie Du Dich gerade fühlst? Versuche Dein Spiegelbild eine Minute lang anzulächeln. Schau dabei nicht zu den anderen Kindern, sondern konzentriere Dich nur auf Dich selbst. Was passiert dabei mit Dir? Wie geht es Dir jetzt?

Zeichne ein Bild von Dir. Verwende dazu Deine Buntstifte. Achte darauf, dass man nur Dein Gesicht und Deine Schultern sieht."

Vertiefung:

Gestalten Sie mit den Bildern der Kinder eine Ausstellung. Sammeln Sie dazu alle Zeichnungen ein, mischen Sie diese und legen Sie sie dann im Raum auf. Die Kinder sollen erraten, wer auf den Selbstporträts dargestellt ist.

2. DAS GEFÄLLT MIR AN MIR SELBST

Unterrichtsbezug:

Sachunterricht, Deutsch

Material:

Stift, Schere, Klebstoff, Kopiervorlage 2 + 3

Einstieg in das Unterrichtsthema:

„Jeder und jede von uns ist anders. Und jeder und jede hat ganz bestimmte Merkmale, die ihn oder sie ausmachen. Meine Freundin Eleonore zum Beispiel hat ein wunderschönes Lächeln. Mein kleiner Bruder Patrick ist besonders flink. Frau Schulte, die im Haus nebenan wohnt, ist sehr hilfsbereit.
Lasst uns gemeinsam überlegen, welche Eigenschaften und Eigenheiten in uns ruhen."

Auf der Tafel werden Stichwörter notiert, die die Kinder nennen.

„Nun überlege, welche dieser Eigenschaften zu Dir passt. Welche davon magst Du? Schreibe sechs Eigenheiten, die Du an Dir besonders schätzt auf. Du bekommst hierfür sechs Herzen. In jedes Herz kannst Du etwas notieren, z.B.: „mein Lächeln", „meine Achtsamkeit", „meine Neugier"...
Schneide die Herzen aus und klebe sie in Dein „Ich bin wunderbar-Heft" ein."

Vertiefung:

Die Kinder schreiben mit den sechs ausgewählten Wörtern eine Schulübung. Die Sätze sollen dabei immer mit „Ich" beginnen, um den Fokus noch einmal auf sich zu lenken: Ich habe ein schönes Lächeln. Ich bin achtsam. Ich mag meine Neugier ...

KOHL VERLAG Lernen mit Erfolg
Glückliche Kinder
Lebenskompetenz stärken & Zufriedenheit finden – Bestell-Nr. 12 820

3. DAS GEFÄLLT MEINEN MITSCHÜLERINNEN UND MITSCHÜLERN AN MIR

Unterrichtsbezug:

Sachunterricht, Deutsch

Material:

Stift, Schere, Klebstoff, Kopiervorlage 4

Einstieg in das Unterrichtsthema:

„Du hast bereits erkannt, was Dir an Dir gefällt. Das ist gut und wichtig. Genauso wichtig aber ist es, dass Du Dir überlegst, was Dir an Deinen Mitschülerinnen und Mitschülern gefällt. Wir sind eine Gemeinschaft und müssen uns auf einander verlassen können."

Die Kopiervorlage wird ausgeteilt.

„Schreibe auf das Blatt Deinen Namen und gib es an Deinen Sitznachbarn oder an Deine Sitznachbarin weiter. Vor Dir liegt nun das Blatt eines anderen Kindes. Überlege Dir, was in Deinen Augen dieses Kind besonders macht. Schreibe dieses wertvolle Merkmal in eines der Herzen. Deinen Namen brauchst Du nicht dazuschreiben."

Die Kopiervorlage wird nun an fünf weitere Kinder in der Klasse verteilt. Zum Schluss bekommt jedes Kind sein Blatt wieder zurück und darf es lesen.

„Sieh Dir an, wie schön Dein Blatt ist. So viele wunderbare Merkmale, die Dich ausmachen, stehen hier. Du siehst, dass Du ein wichtiger Teil unserer Gemeinschaft bist. Deine Mitschüler und Mitschülerinnen schätzen dich, weil Du DU bist.
Schneide die Herzen aus und klebe sie in Dein „Ich bin wunderbar-Heft" ein."

4. DAS MACHT MICH STARK

Unterrichtsbezug:

Bildnerische Erziehung, Deutsch

Material:

Stift, Kopiervorlage 5

Einstieg in das Unterrichtsthema:

„Ist Dir schon einmal aufgefallen, dass die Wurzeln eines Baumes manchmal weit neben dem Baum aus der Erde hervorschauen?

Ein Baum endet nicht einfach mit dem Stamm. Seine Wurzeln führen tief in die Erde hinunter und verzweigen sich dort weit. Sie geben dem Baum Halt, wenn ein Sturm kommt. Außerdem versorgen sie ihn mit vielen wichtigen Nährstoffen und mit Wasser. So kann der Baum stark und groß werden.

Bei uns ist es so, wie bei dem Baum. Wir haben Wurzeln, die uns stärken. Leon zum Beispiel freut sich sehr, wenn er eine gute Note auf die Schularbeit bekommt. Das macht ihn stark. Sophie weiß, dass ihre Mama immer zu ihr steht. Das macht sie stark. Ella und Timon spielen gern Fußball. Nach einer Trainingsstunde fühlen sie sich stark. Und wie ist das bei Dir? Was gibt Dir Kraft und macht Dich stark? Bestimmt fallen Dir bald einige Dinge ein. Schreibe sie zu den Wurzeln Deines Baumes in die Erde. Dann kannst Du den Baum so anmalen, wie es Dir gefällt."

Glückliche Kinder
Lebenskompetenz stärken & Zufriedenheit finden – Bestell-Nr. 12 820
KOHL VERLAG

5. DAS MACHT MICH GLÜCKLICH

Unterrichtsbezug:

Sachunterricht, Deutsch

Material:

Stift, Kopiervorlage 6

Einstieg in das Unterrichtsthema:

Beschreiben Sie Ihren Schülerinnen und Schülern, wie Sie sich fühlen: „Wenn ich glücklich bin, dann fühle ich mich stark wie ein Bär. Ich lache von einem Ohr bis zum anderen. In meinem Bauch ist ein warmes, angenehmes Kribbeln. Wie fühlst Du Dich, wenn Du glücklich bist?
Glück ist für jeden und für jede von uns etwas anderes. Jeder Mensch ist für sein eigenes Glück verantwortlich. Wir können selbst entscheiden, wie sehr wir gute Gefühle an uns heranlassen. Bei Gefühlen, die sich weniger gut anfühlen, gelingt uns das leider nicht immer. Wenn Du Dich mit jemanden streitest oder wenn Du Dich ausgegrenzt fühlst, ist es schwierig, Dich davon nicht hinunterziehen zu lassen. Da hilft es, wenn Du an die Dinge denkst, die Dich glücklich machen. Vielleicht gelingt es Dir sogar, dass Du Dich selbst wieder ein wenig aufbaust.
Was macht Dich glücklich? Ist es ein Eis an einem warmen Sommertag? Das Kuscheln mit Deinem Papa? Ein nettes Wort von Deiner Freundin? Oder vielleicht macht es Dich glücklich, ein Lied zu singen, mit Bausteinen einen Turm zu bauen oder Dich im Spiegel anzulächeln? Finde heraus, was Dich glücklich macht und schreibe es in Dein „Ich bin wunderbar-Heft"."

Vertiefung:

Um glücklich zu sein, ist es wichtig, sich von Gefühlen, die einem nicht guttun, zu befreien. Die Kinder können ihre Sorgen auf Kärtchen schreiben, die sie dann an einen Luftballon binden und gemeinsam im Schulhof steigen lassen. Sie können auch ein *Sorgenfresserchen* mitbringen, dem die Schülerinnen und Schüler ihre Sorgen anvertrauen können.

6. DAS SIND MEINE SEELENTRÖSTER

Unterrichtsbezug:

Sachunterricht, Deutsch, Religion

Material:

Stift, Kopiervorlage 7 + 8, Schere, Klebstoff

Einstieg in das Unterrichtsthema:

„Manchmal ist es gar nicht so leicht, glücklich zu sein. Du streitest mit Deinem Freund oder Deiner Freundin, Deine Eltern wollen unbedingt, dass Du Dein Zimmer aufräumst oder Du bist morgens einfach nur mit dem falschen Fuß aufgestanden.

Kennst du solche Momente? Da wäre es schön, wenn man ein Pflaster auf die Seele geben könnte - so wie auf ein blutiges Knie - und alles wäre wieder gut.

Du kannst Dir so ein Pflaster auch selbst machen. Manche Gedanken, Dinge oder Menschen haben die Kraft, Dich zu heilen und helfen Dir dabei, Deine Sorgen zu vergessen. Für jeden Menschen ist so ein Seelentröster etwas anderes. Manche Menschen finden Kraft im Glauben an Gott, für andere Menschen ist es heilsam, wenn sie eine Tasse warmen Tee trinken. Vielleicht stellst Du Dich gern vor den Spiegel und sagst nette Worte zu Deinem Spiegelbild. Manche Kinder lenken sich von ihrem Kummer ab, indem sie ein Buch lesen. Oder es hilft Dir, wenn Du an Deinen letzten Urlaub denkst. Überlege Dir, was Dich trösten kann, wenn es Dir gerade nicht gut geht. Schreibe diese Gedanken, Dinge oder Menschen auf die Pflaster, die Du ausgeteilt bekommst. Dann schneide Deine Seelentröster aus und klebe sie in Dein „Ich bin wunderbar-Heft"."

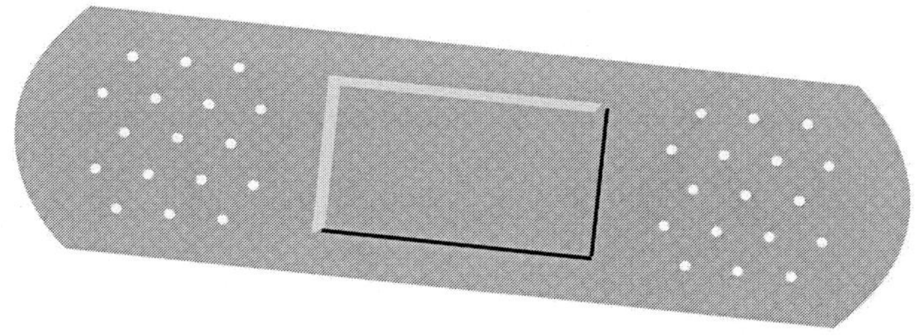

7. DAS IST MIR WICHTIG

Unterrichtsbezug:

Sachunterricht, Deutsch

Material:

Stift, Kopiervorlage 9 - 14, Schere

Einstieg in das Unterrichtsthema:

Halten Sie die Bilder der Kinder (Kopiervorlage 10 – 14) hoch und erzählen Sie: „Robert ist wichtig, dass er in einem Land lebt, in dem es keinen Krieg gibt. Adam ist wichtig, dass er in die Schule gehen darf. Maria ist wichtig, dass sie sich um ihre kleine Katze kümmern darf. Claudia ist wichtig, dass sie helfen kann, die Natur zu schützen. Gregor ist wichtig, dass er mit seinen Freunden Basketball spielen kann.
Für jeden Menschen ist etwas anderes besonders wichtig. Bestimmt gibt es viele Dinge, die Dir wichtig sind. Doch für manche Dinge, die Dir wichtig sind, musst Du Dich auch einsetzen oder Du musst Dich um sie kümmern. Überlege Dir, was für Dich wichtig ist. Denke auch darüber nach, was Du tun kannst, damit Dir diese Dinge erhalten bleiben. Schreibe alles, was Dir wichtig ist, in die roten Dreiecke.

8. MEINE SUPERKRÄFTE

Unterrichtsbezug:

Deutsch, Bildnerische Erziehung

Material:

Stift, Buntstifte, Kopiervorlage 15 + 16, Schere, Klebstoff

Einstieg in das Unterrichtsthema:

„Superhelden und Superheldinnen kennst Du bestimmt aus Büchern oder vom Fernsehen. Sie fliegen in den Nachthimmel hinauf bis zu den Sternen und retten die Welt.

Woran erkennt man Superhelden und Superheldinnen? Manche tragen einen Umhang, andere eine Maske und einige sehen eigentlich ganz normal aus, bevor sie sich verwandeln.

Wusstest Du, dass auch Du ein Superheld oder eine Superheldin bist? Du hast nämlich Superkräfte, mit denen Du Großartiges bewirken kannst. Vielleicht kannst Du gut Geschichten vorlesen, aufmerksam zuhören, Deine Mitmenschen zum Lachen bringen oder wunderschön zeichnen. Warum das Superkräfte sind?

Weil Du anderen Menschen oder Dir selbst helfen kannst, wenn Du diese Superkräfte einsetzt. Genau das ist auch das Ziel der Superhelden und Superheldinnen aus den Büchern.

Welche Superkräfte hast Du? Denke darüber nach und schreibe Deine Superkräfte in die Sterne. Jeden Stern darfst Du bunt anmalen, ausschneiden und in Dein „Ich bin wunderbar-Heft“ kleben.“

Vertiefung:

Schreiben Sie gemeinsam mit den Kindern eine Liste mit allen Superkräften der Klassengemeinschaft auf. Vielleicht können auf diese Weise auch „Helferlisten“ entstehen. Kennt sich ein Kind besonders gut beim Bruchrechnen aus? Dann ist es bestimmt gern dazu bereit seine „Superkraft“ dafür einzusetzen, einem Mitschüler oder einer Mitschülerin in der nächsten Mathematikstunde zu helfen.

Glückliche Kinder
Lebenskompetenz stärken & Zufriedenheit finden – Bestell-Nr. 12 820
KOHL VERLAG

9. HIER BIN ICH GERN

Unterrichtsbezug:

Sachunterricht, Deutsch

Material:

Stift, Kopiervorlage 17

Einstieg in das Unterrichtsthema:

Zeigen Sie Fotos von schönen Plätzen und erzählen Sie: „Orte haben die Kraft, Deine Stimmung zu verändern. Es gibt verschiedene Plätze, die Du besuchen kannst. Vielleicht baust Du Dir gern eine Kissenburg und versteckst Dich dahinter, wenn Du Ruhe brauchst. Der Spielplatz ist ein Ort zum Toben. Hier kommst Du hin, wenn Du viel Energie hast und andere Kinder treffen möchtest. Manche Kinder verbringen im Sommer gern Zeit in den Bergen. Wenn sie den Gipfel erreicht haben, sind sie stolz und fühlen sich erleichtert. Du siehst: Jeder Ort kann Dich trösten, Dir Platz zum Spielen, Mut oder Sicherheit geben. Überlege Dir, welche Orte Dich glücklich machen. Was macht diese Plätze so besonders für Dich? Schreibe oder zeichne die Orte in Dein „Ich bin wunderbar-Heft"."

Vertiefung:

Gestalten Sie in Ihrer Klasse ein „Wohlfühl-Plakat". Die Schülerinnen und Schüler dürfen Fotos ihrer Lieblingsorte mitbringen und auf das Plakat kleben.

10. DAFÜR BIN ICH DANKBAR

Unterrichtsbezug:

Bildnerische Erziehung, Religion

Material:

Stift, Buntstifte, Kopiervorlage 18

Einstieg in das Unterrichtsthema:

„Es gibt schöne Dinge, die Dir passieren und die Du nicht beeinflussen kannst. Diese Dinge sind ein Geschenk. So ein Geschenk muss nicht ein neues Fahrrad oder ein schicker Mantel sein. Die größten, kostbarsten Geschenke sind die, die Du nicht angreifen kannst. Wenn Dir jemand zeigt, dass er oder sie an Dich denkt, ist das ein Geschenk. Oder wenn Dir jemand vertraut, Dir jemand zuhört, Dir hilft, ist das ein Geschenk. Für all diese Geschenke kannst Du dankbar sein. Auch Dankbarkeit ist ein schönes Gefühl. Ich bin dankbar, dass ich in einem Land lebe, in dem es keinen Krieg gibt. Ich bin dankbar, dass ich lernen darf. Und ich bin dankbar, wenn es im Winter schneit und ich rodeln gehen kann. Wofür bist Du dankbar? Schreibe alles, wofür Du dankbar bist, in die Blumen. Dann male den Blumenstrauß bunt an."

Vertiefung:

Basteln Sie mit Ihren Schülerinnen und Schülern Blumen aus Buntpapier. In die Blumenköpfe dürfen die Kinder schreiben, wofür sie ihrer Mama, dem Opa oder auch der Nachbarin dankbar sind. Die Blume können die Kinder – ohne Anlass - der Person überreichen.

Lernen mit Erfolg KOHL VERLAG Glückliche Kinder Lebenskompetenz stärken & Zufriedenheit finden – Bestell-Nr. 12 820

11. DAS SIND FÜR MICH DIE SCHÄTZE DER NATUR

Unterrichtsbezug:

Sachunterricht, Deutsch

Material:

Stift, Kopiervorlage 19 + 20, Schere, Klebstoff

Einstieg in das Unterrichtsthema:

„Die Welt um Dich herum ist voller wunderbarer Plätze. Wenn Du an einem Sommertag ins Freie gehst, riechst Du duftende Kräuter und Blumen und siehst, wie die weißen Wolken über den Himmel ziehen. An einem Regentag ist es draußen ebenso schön. Die Regentropfen, die auf Dächer und Blätter trommeln, sind wie ein kleines Konzert. Du kannst in Pfützen springen und sehen, wie sich im Wasser kleine Kreise bilden.

Die Natur hält viele Schätze für uns bereit. Summende Bienen, die fleißig Blüten bestäuben und so dazu beitragen, dass Früchte auf den Bäumen wachsen, zum Beispiel. Oder ein plätschernder Bach, an dem Du Dich an heißen Sommertagen erfrischen kannst. Die wertvollsten Schätze der Natur sind für jeden anders. Wichtig ist, dass wir uns um sie kümmern und sie bewahren.

Schreibe die Schätze der Natur, die für Dich besonders wichtig sind, in die Schatztruhen. Dann schneide die Schatztruhen aus und klebe sie in Dein „Ich bin wunderbar-Heft"."

12. MEIN WEG ZU RANGER FOX

Unterrichtsbezug:

Sachunterricht, Deutsch

Material:

Stift, Kopiervorlage 21

Einstieg in das Unterrichtsthema:

Zeigen Sie Ihren Schülerinnen und Schülern das Bild von Ranger Fox und erzählen Sie: „Ranger Fox ist ein Fuchs, der durch unsere Wälder streift und manchmal auch auf den Wiesen auftaucht. Er liebt es, am feuchten Moos zu schnuppern und spürt gern die Tannennadeln unter seinen Pfoten. Der Wald ist sein Zuhause. Deshalb möchte er ihn besonders gut schützen. Doch das ist manchmal gar nicht so einfach. Du kannst Ranger Fox helfen. Wenn Du Dich um Deine Umwelt kümmerst, kommst Du Ranger Fox einen Schritt näher und rettest sein Zuhause und die Heimat vieler anderer Wald- und Wiesenbewohner. Du kannst auf einer Wanderung Müll, der achtlos weggeworfen wurde, einsammeln. Wenn Du Papier sparst, trägst Du dazu bei, dass weniger Bäume gefällt werden müssen. Du kannst Dir auch vornehmen, bei Spaziergängen durch den Wald leise zu sein, damit Du die Tiere nicht erschreckst. Dir fallen bestimmt auch einige Ideen ein, wie Du Ranger Fox helfen kannst.

Schreibe deine Überlegungen auf die Steine in Deinem „Ich bin wunderbar-Heft". Jeder Stein bringt Dich einen Schritt näher zu Ranger Fox."

Vertiefung:

Machen Sie mit den Schülerinnen und Schülern einen kleinen Spaziergang rund um das Schulhaus und um den nächsten Häuserblock. Die Kinder sollen dabei alle Mülltonnen zählen, die sie sehen. Gehen Sie den Weg ein zweites Mal mit den Kindern ab. Nun sollen die Schülerinnen und Schüler den Müll zählen, der außerhalb der Mülltonnen auf dem Bürgersteig liegt.

13. ICH SAG NEIN

Unterrichtsbezug:

Sachunterricht, Deutsch

Material:

Stift, Kopiervorlage 22 - 26, Schere, Klebstoff

Einstieg in das Unterrichtsthema:

Zeigen Sie den Kindern die Bilder (Kopiervorlage 24-26) und sprechen Sie mit ihnen über unangenehme Situationen: „Es gibt manchmal Situationen, in denen Du Dich nicht wohlfühlst. Das kann bei jedem Menschen anders sein. Vielleicht ist es Dir unangenehm Deiner Tante ein Küsschen zu geben. Vielleicht magst Du nicht, dass Dein kleiner Bruder in Dein Zimmer kommt, wenn Du gerade Deine Hausaufgaben machst. Vielleicht hast Du Angst davor etwas zu tun, das Deine Freunde aber cool finden. Du darfst selbst entscheiden, was Du willst und was nicht. Manchmal sagen Erwachsene, dass sie traurig oder enttäuscht sind, wenn Du nicht das machst, was sie von Dir erwarten. Denke immer daran, dass jeder für seine Gefühle selbst verantwortlich ist, auch Erwachsene. Es ist richtig und wichtig, dass Du Dich nicht zu etwas überreden lässt, was Du nicht möchtest. Zwei Wörter helfen Dir dabei, Dich selbst zu schützen: **NEIN** und **STOPP**.

Es gehört viel Mut dazu, **NEIN** oder **STOPP** zu sagen. Deshalb wollen wir das nun gemeinsam üben."

Spielen Sie mit den Kindern Situationen nach, in denen es wichtig ist ***„NEIN"*** *oder* ***„STOPP"*** *zu sagen. Die Kinder sollen die Worte laut und sicher sagen!*

„Was mir unangenehm ist, muss nicht auch schlecht für Dich sein. Überlege, welche Situationen Du nicht magst und schreibe oder zeichne sie in die STOPP-Zeichen. Dann schneide die Zeichen aus und klebe sie in Dein „Ich bin wunderbar-Heft".

Vertiefung:

Die Kinder stellen sich zu zweit gegenüber einander auf und gehen einige Schritte auseinander. Auf Ihr Zeichen hin soll eines der beiden Kinder auf das andere so weit zukommen, bis es für das andere Kind unangenehm wird und es STOPP sagt. Die Kinder können die Übung mit unterschiedlichen Partnern oder auch mit der Lehrperson durchführen. Üben Sie die Worte NEIN und STOPP oft mit ihren Schülerinnen und Schülern.

KOHL VERLAG
Glückliche Kinder
Lebenskompetenz stärken & Zufriedenheit finden – Bestell-Nr. 12 820

14. MEINE POWER-WOCHE

Unterrichtsbezug:

Sachunterricht, Deutsch

Material:
Stift, Kopiervorlage 27

Einstieg in das Unterrichtsthema:

Führen Sie diese Übung zu Wochenbeginn durch: „Heute beginnt eine neue Woche. Jeder Tag in dieser Woche steckt voller Wunder und Abenteuer - Du musst sie nur entdecken. Mach daraus Deine Power-Woche.

Überlege Dir zuerst ein Ziel, das Du in dieser Woche erreichen möchtest. Du könntest Dir zum Beispiel vornehmen, jeden Tag etwas zu machen, das Dich glücklich macht. Oder Du nimmst Dir vor, ein neues Buch zu lesen. Vielleicht planst Du auch Ordnung zu halten, damit Du einen besseren Überblick bekommst.

Schreibe das, was Du Dir vornimmst jetzt in Dein „Ich bin wunderbar-Heft". Überlege dabei auch, wie Du Dein Vorhaben in dieser Woche umsetzen kannst."

Am Ende der Woche bearbeiten die Kinder diesen Zettel erneut.

„Nun geht Deine Power-Woche zu Ende. Lies nach, was Du Dir am Anfang der Woche vorgenommen hast. Konntest Du Dein Vorhaben verwirklichen? Was ist Dir in dieser Woche besonders gut gelungen? Worauf bist Du stolz? Schreibe Deine Gedanken in Dein „Ich bin wunderbar-Heft".

War das nicht eine super tolle Power-Woche?"

15. DAS GLÜCKSGLAS

Unterrichtsbezug:

Kunst, Deutsch

Material:

Stift, Papier, Einmachglas, Glasmalstifte

Einstieg in das Unterrichtsthema:

„Wenn Du aufmerksam bist, wirst Du sehen, dass Du viele Momente erlebst, die Dich glücklich machen. Schreibe sie auf, damit Du sie nicht vergisst. Du kannst auch lustige Bilder, Witze oder Gedanken aufschreiben. Wir basteln heute gemeinsam ein Glücksglas, in das Du Deine Zettel hineingeben kannst. Wenn Du einmal einen schlechten Tag hast, dann nimm Dir einen Zettel aus Deinem Glücksglas. Bestimmt wirst Du schmunzeln."

Die Schülerinnen und Schüler können ihr Einmachglas nun frei gestalten. Dabei können mit den Glasmalstiften positive Botschaften auf das Glas geschrieben werden. Die Deckel können mit Moosgummi beklebt oder mit Glitzer und Kleister bemalt werden. Gemeinsam mit den Schülerinnen und Schülern überlegen Sie erste Glücksbotschaften, die in das Glas hineingeworfen werden dürfen.

Mein „Ich bin wunderbar"-Heft

Hier kannst Du ein Foro von Dir einkleben.

Dieses Themenheft gehört

So sehe ich aus

KV 1

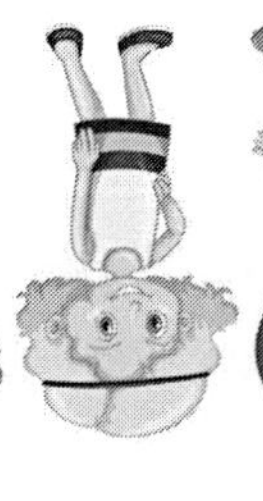

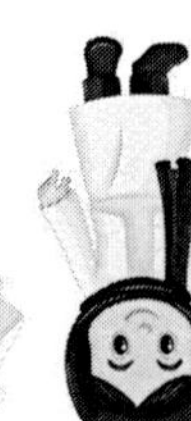

KOHL VERLAG Lernen mit Erfolg
Glückliche Kinder
Lebenskompetenz stärken & Zufriedenheit finden – Bestell-Nr. 12 830

Das gefällt mir an mir selbst

Das gefällt mir an mir selbst

KV 3

Vorlage für 2 SchülerInnen

KV 4

Das gefällt meinen Mitschülern und Mitschülerinnen an mir

Liebe/r ____________________

Mir gefällt an dir ...

KOHL VERLAG Lernen mit Erfolg
Glückliche Kinder
Lebenskompetenz stärken & Zufriedenheit finden – Bestell-Nr. 12 820

Das macht mich stark

KV 5

Lernen mit Erfolg KOHL VERLAG Glückliche Kinder
Lebenskompetenz stärken & Zufreidenheit finden – Bestell-Nr. 12 820

Das macht mich glücklich

KV 6

Glückliche Kinder
Lebenskompetenz stärken & Zufriedenheit finden – Bestell-Nr. 12 820
Lernen mit Erfolg KOHL VERLAG

Das sind meine Seelentröster

KOHL VERLAG
Glückliche Kinder
Lebenskompetenz stärken & Zufriedenheit finden ▪ Bestell-Nr. 12 820

Das sind meine Seelentröster

KV 8

Vorlage für 2 SchülerInnen

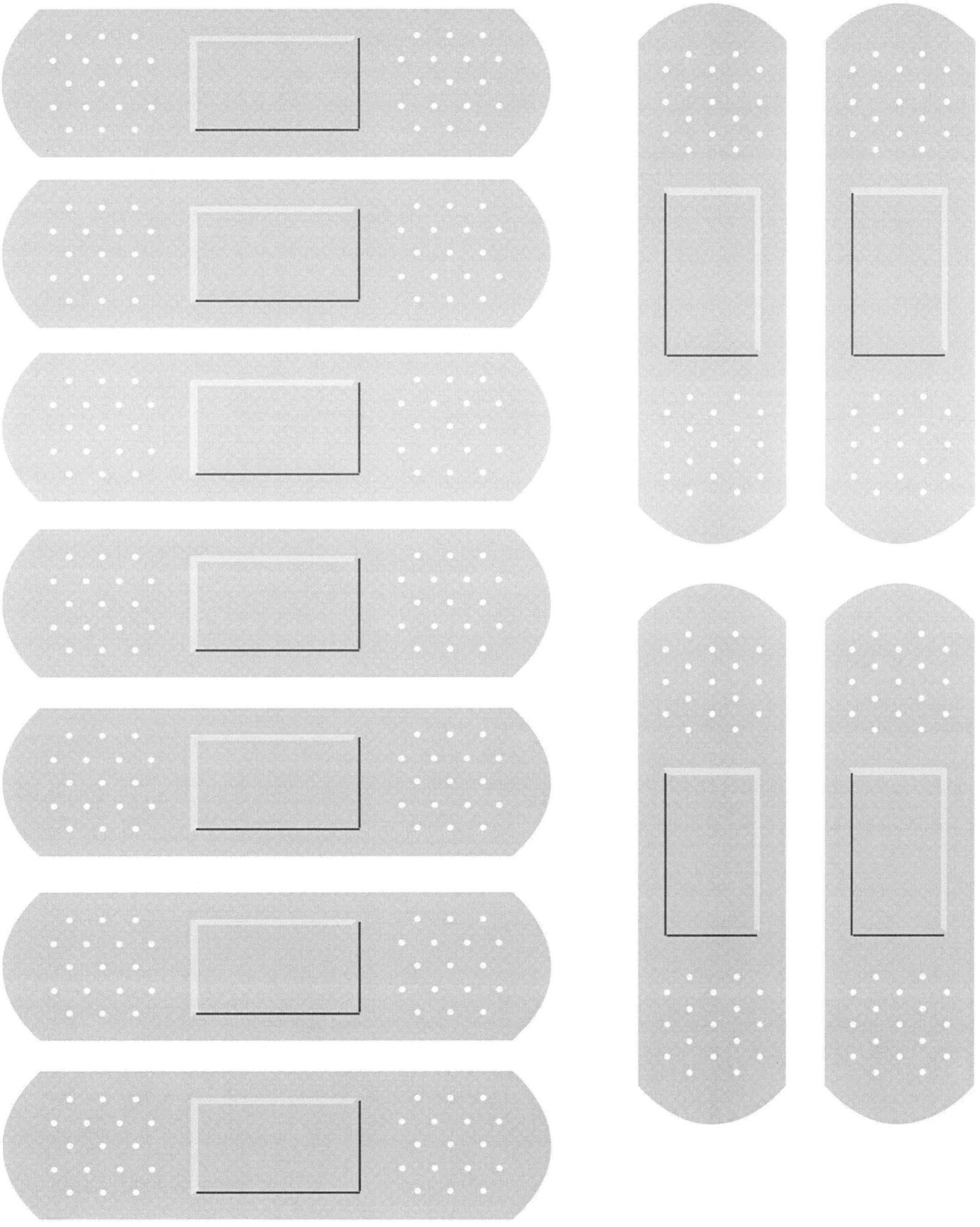

Das ist mir wichtig

KV 9

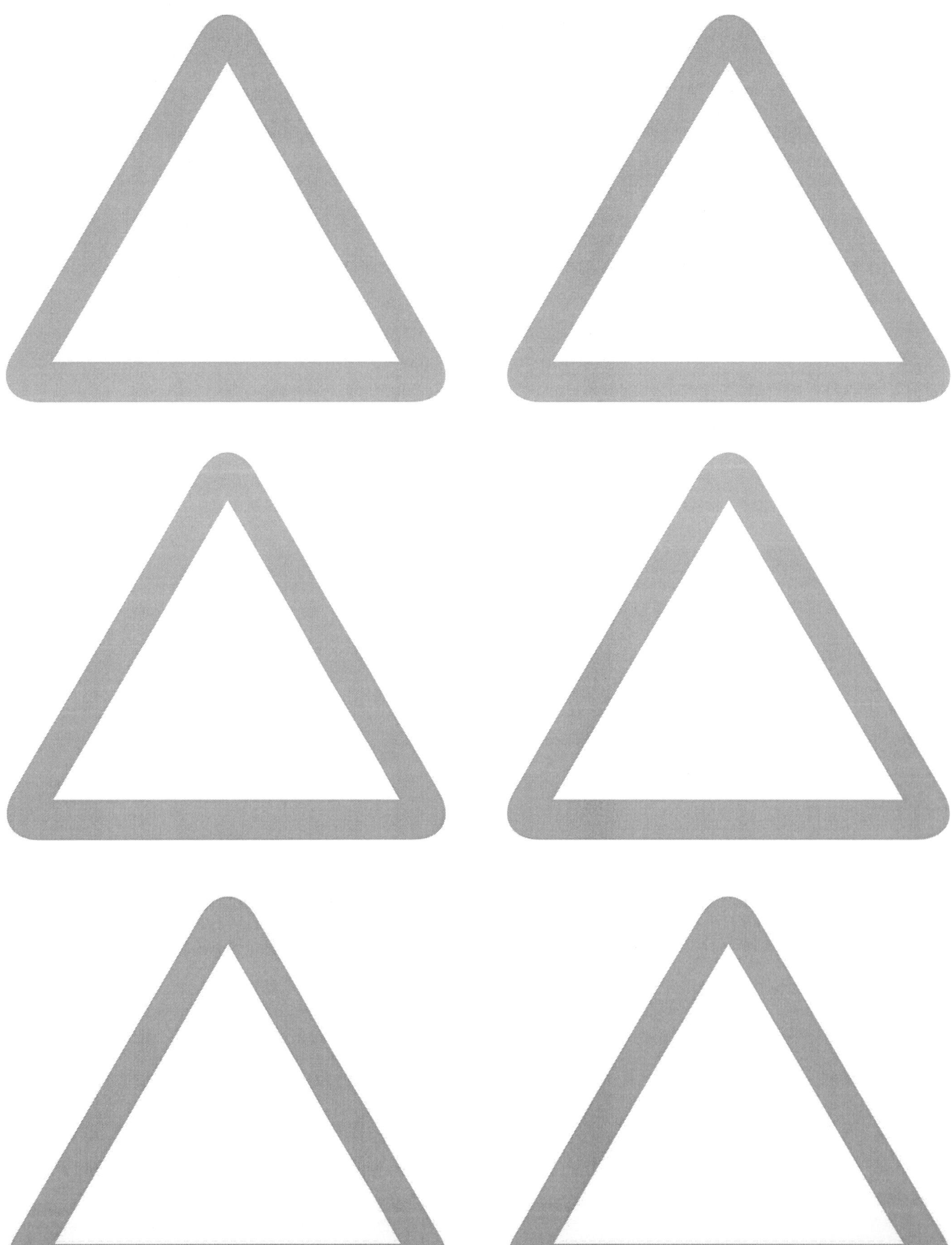

KOHL VERLAG Lernen mit Erfolg
Glückliche Kinder
Lebenskompetenz stärken & Zufriedenheit finden – Bestell-Nr. 12 820

Das ist mir wichtig

KV 10

Hier siehst du Robert. Er ist froh, dass er in einem Land wohnt, in dem es keinen Krieg gibt.

KOHL VERLAG Lernen mit Erfolg
Glückliche Kinder
Lebenskompetenz stärken & Zufriedenheit finden – Bestell-Nr. 12 820

Das ist mir wichtig

Adam ist glücklich, dass er in die Schule gehen darf.
Das ist für ihn wichtig.

Das ist mir wichtig

KV 12

Das ist Maria. Für sie ist es wichtig, dass sie sich um ihre kleine Katze kümmern kann.

Das ist mir wichtig

KV 13

Auf diesem Bild siehst du Claudia. Es ist ihr wichtig, sich um die Natur zu kümmern.

Das ist mir wichtig

KV 14

Gregor liebt es mit seinen Freunden Basketball zu spielen.
Das ist ihm besonders wichtig.

Meine Superkräfte

KV 15

hier ankleben

hier ankleben

hier ankleben

hier ankleben

hier ankleben

Meine Superkräfte

KV 16

Vorlage für 2 SchülerInnen

KOHL VERLAG Lernen mit Erfolg
Glückliche Kinder
Lebenskompetenz stärken & Zufriedenheit finden – Bestell-Nr. 12 820

Hier bin ich gerne

KV 17

Dafür bin ich dankbar

KV 18

KOHL VERLAG
Glückliche Kinder
Lebenskompetenz stärken & Zufreidenheit finden – Bestell-Nr. 12 820

KV 19

Das sind für mich die Schätze der Natur

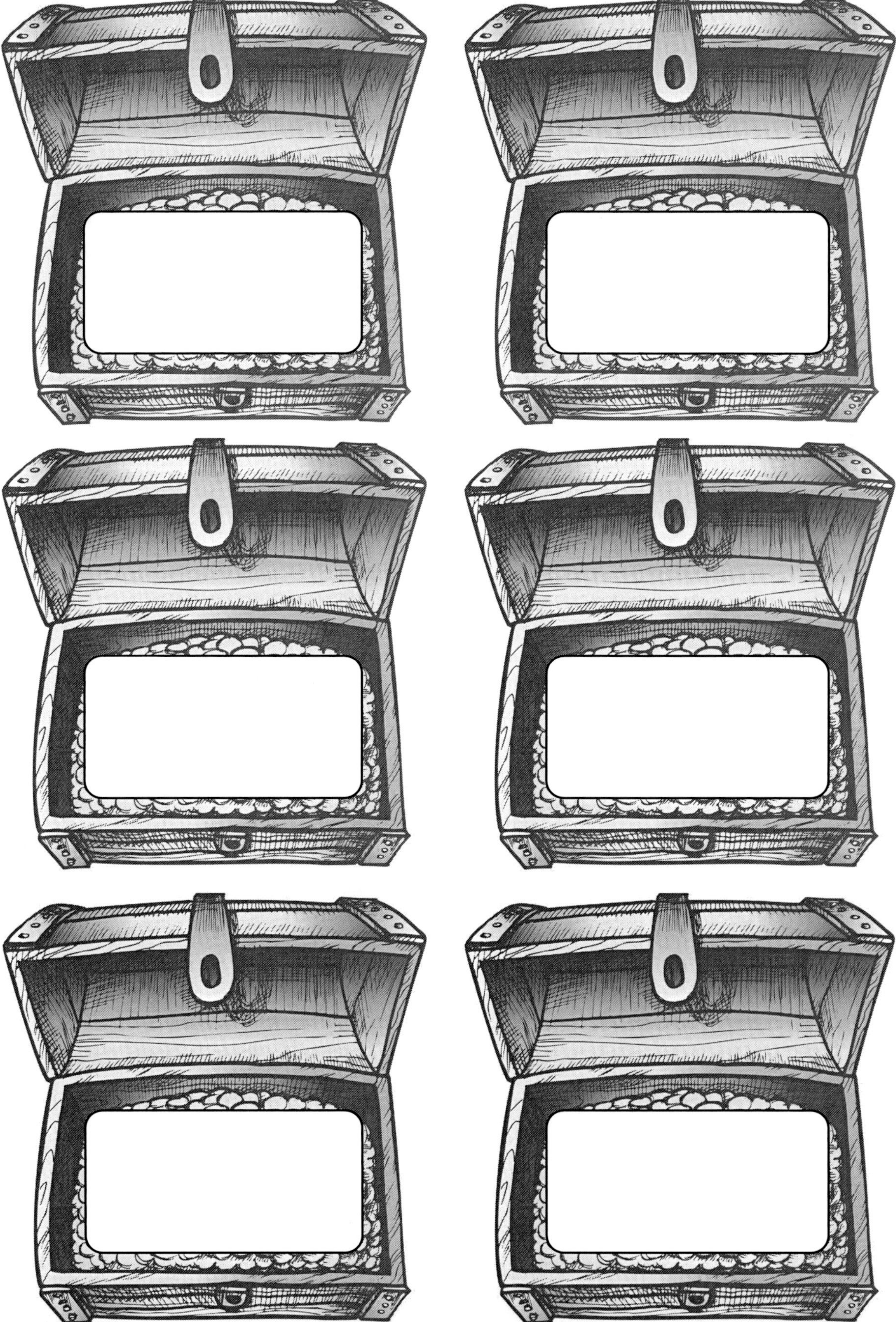

Das sind für mich die Schätze der Natur

KV 20

Lernen mit Erfolg KOHL VERLAG Glückliche Kinder
Lebenskompetenz stärken & Zufriedenheit finden – Bestell-Nr. 12 820

Mein Weg zu Ranger Fox

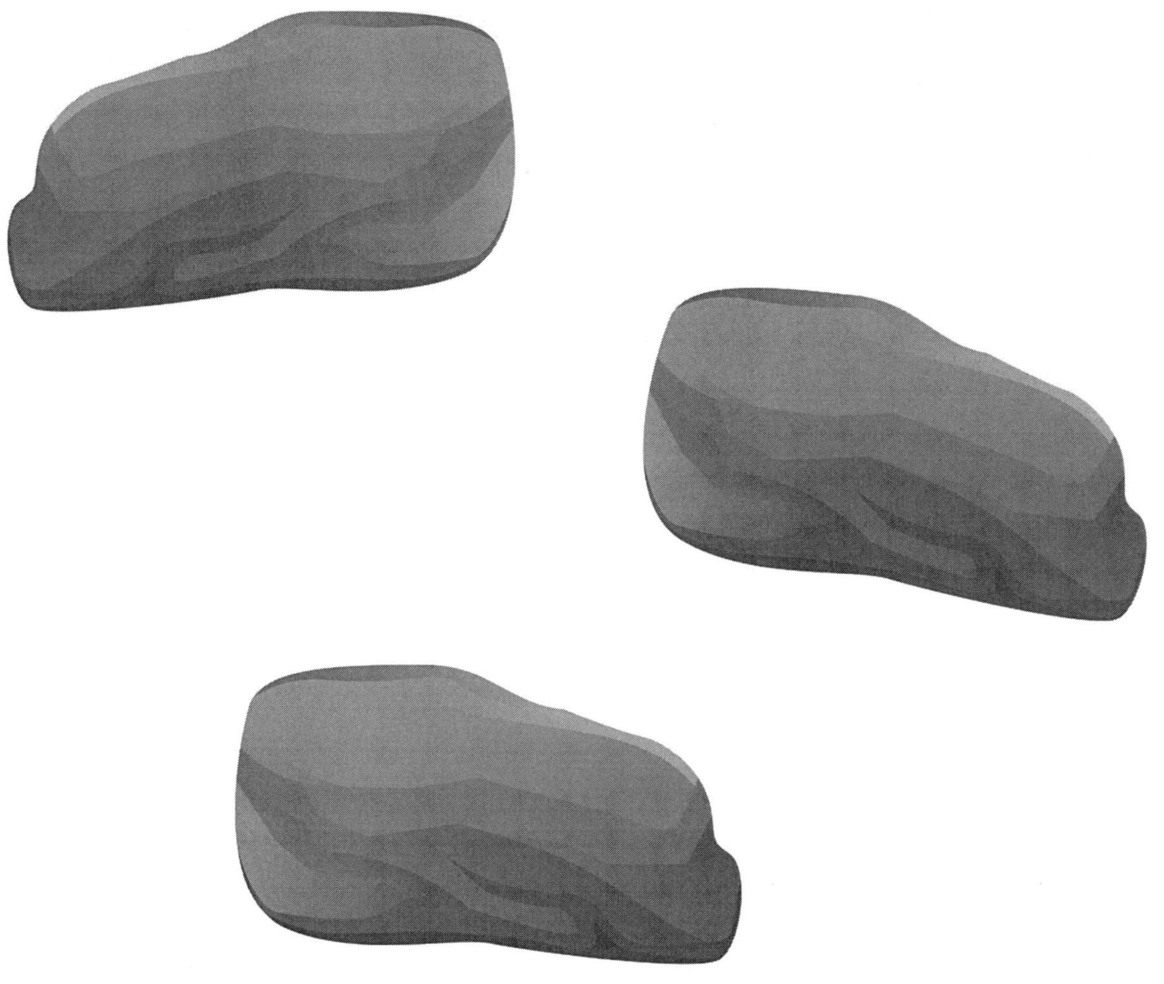

Ich sag NEIN

KV 22

Ich sag NEIN

KV 23

Ich sag NEIN

KV 24

Lernen mit Erfolg KOHL VERLAG Glückliche Kinder
Lebenskompetenz stärken & Zufreidenheit finden – Bestell-Nr. 12 820

Ich sag NEIN

KV 25

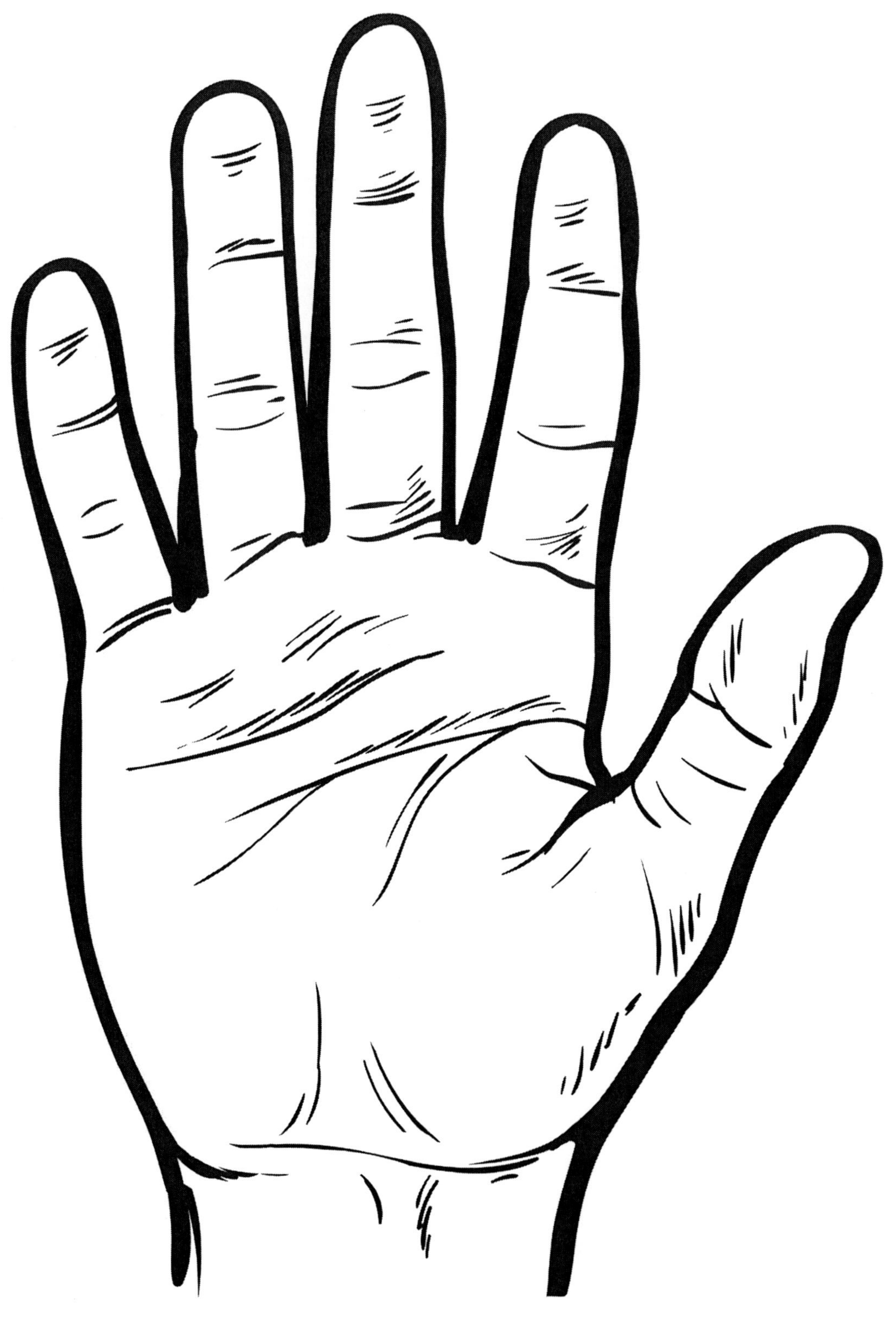

KOHL VERLAG Lernen mit Erfolg
Glückliche Kinder
Lebenskompetenz stärken & Zufriedenheit finden ▪ Bestell-Nr. 12 820

Ich sag NEIN

STOP

STOP

STOP

STOP

STOP

STOP

KOHL VERLAG Lernen mit Erfolg
Glückliche Kinder
Lebenskompetenz stärken & Zufreidenheit finden – Bestell-Nr. 12 820

Meine Power-Woche

KV 27

Mein Wochenziel

Mein Gedanken zu dieser Woche

KOHL VERLAG Lernen mit Erfolg
Glückliche Kinder
Lebenskompetenz stärken & Zufriedenheit finden – Bestell-Nr. 12 820